AF321865

LE
LIEN DES AMES

OU

RELATION DU PANÉGYRIQUE

PRONONCÉ

A LA MÉMOIRE DE M. P.-F. MATHIEU

Ancien Pharmacien en chef des armées, membre de plusieurs Sociétés savantes

ET DES

COMMUNICATIONS MÉDIANIMIQUES QU'IL A DONNÉES

LES 16 ET 18 FÉVRIER 1864

PAR

Alph. VIEILLARD DE BOISMARTIN

⁂

PARIS

CHEZ LEDOYEN, LIBRAIRE-ÉDITEUR

31, Galerie d'Orléans (Palais-Royal).

—

1864

LE

LIEN DES AMES

I

À la nouvelle du décès inopinément survenu, le vendredi 12 février 1864, de M. P.-F. Mathieu, ancien pharmacien en chef des armées, membre de plusieurs sociétés savantes et directeur-président des études du *Salon de la Madeleine*, de mademoiselle Honorine Huet, un grand nombre des habitués de ce groupe se sont fait un devoir d'assister à la réunion du mardi suivant. Ils veulent, par leur concours, rendre l'hommage qu'ils doivent à la mémoire de l'honorable défunt, et ils sont stimulés par un désir ardent de recueillir les renseignements qui pourraient être donnés d'outre-tombe sur sa situation présente.

Le nouveau président confirme l'événement dans le silence de l'émotion profonde des assistants, et se fait en quelques mots l'organe de leurs sentiments de regrets. Il donne la parole au secrétaire des séances, l'auteur de cette relation, qui prononce l'allocution suivante, rédigée dans les termes consacrés par l'usage :

II

« Chaque jour la féconde humanité qui couvre le globe se renouvelle partiellement. Des enfants naissent, autant d'Esprits viennent de prendre un corps dans notre monde; des hommes meurent, autant d'Esprits le quittent.

« C'est un sentiment naturel qui fait naître la joie au sein d'une famille augmentée d'un membre ; et c'en est un aussi respectable qui la plonge dans les larmes quand le destin l'en sépare. A la joie et à la douleur des parents s'unissent sincèrement celles des amis ; et chacun s'associe de cœur à l'événement heureux ou triste qui survient.

« Il a plû à Dieu de retirer de la Terre, d'enlever à la tendresse de sa femme et de ses trois filles un homme honoré et aimé de tous.

« M. Pierre-François Mathieu vient de mourir. Il vient, en quelques jours, de terminer une carrière que nous ne pouvons appeler longue. Son état de santé semblait promettre qu'il vivrait encore nombre d'années. Doué d'une belle intelligence, d'une imagination fine, et ornée par la culture des sciences et des belles-lettres, il ajoutait incessamment aux travaux d'esprit que chacun avait déjà applaudis ; et, tout récemment encore, il mettait la dernière main à une œuvre importante (1), dont il aurait, dès cette vie, retiré le légitime profit d'éloges mérités par son zèle à répandre les doctrines de mansuétude et de progrès qui font l'objet

(1) *Histoire des Miraculés et des Convulsionnaires de Saint-Médard*. (Didier et Ce, libraires-éditeurs.)

de nos études assidues. Il témoignait un intérêt sympathique, conciliant, tolérant à quiconque s'y adonnait ; et l'auteur de ce discours n'oubliera jamais qu'il y a encouragé ses premiers essais par une critique de sa première œuvre (1), empreinte de bonne foi et d'impartialité, exempte de fiel et d'exclusivisme.

« Il n'est aucun de ses amis qui n'eût à se féliciter de ses instructifs entretiens, et qui ne comptât en jouir longtemps encore. Tout espoir est déçu.

« L'irrévocable arrêt qui vient d'En-Haut a prononcé et a mis fin au labeur que M. Mathieu était appelé à accomplir dans la société humaine. Il s'en est acquitté en toutes circonstances avec le courage conciencieux dont je ne saurais m'ériger en appréciateur, mais qui lui a concilié l'estime générale.

« Heureux de recueillir en cela les échos de la renommée, je ne me permettrai d'y joindre que l'expression des regrets que lègue le souvenir

(1) *Macbeth à l'Odéon*, étude spirite. (Ledoyen, libraire-éditeur.)

d'une collaboration infatigable dans les travaux de la science spiritualiste. Son âge et son expérience de la vie ; sa science et sa fidélité constante à poursuivre des recherches auxquelles il s'est livré dès leur origine, l'avaient naturellement désigné comme directeur des expérimentations qui se font régulièrement dans ce salon ; et nous aimions à l'avoir à notre tête.

« Maintenant, il ne nous présidera plus ; mais nous voulons, avant de reprendre notre œuvre ordinaire, rendre hommage à la mémoire de celui qui la dirigeait avec une fermeté affable, un zèle prudent et circonspect que nous aurons à cœur de prendre pour exemple. Ce sera en nous y conformant que nous honorerons vraiment les mânes de celui dont l'absence fait un si grand vide dans notre assemblée et que nous ne devons plus y revoir.

« Mais à cette pensée se raniment en nous la foi et la confiance ; et nos cœurs, unis en un commun accord, élèvent vers les cieux un hymne de reconnaissance ; car les lumières qui en descendent en nos jours vives et brillantes dissipent les ténèbres de la sombre et poudreuse mort qui n'ensevelit qu'une matière périssable ; et elles font étinceler à nos yeux les splendeurs de la vie d'outre-tombe. La terre froide a repris ce qu'elle avait donné ; et l'Ether radieux vient de s'ouvrir à l'essor de l'Esprit qui s'y est élancé libre et épuré, accueilli par ceux qu'il avait regrettés, par les deux angéliques enfants qu'il avait pleurées et qu'il retrouve à présent comme des hôtes impatients de le recevoir.

« Ainsi en est-il de nous tous, humains pusillanimes, qui redouterions peut-être le trépas, oublieux des biens qu'il nous vaudra, si, à la foi révélée sous les formes diverses des religions qui, toutes également, tendent à rattacher l'homme à Dieu, ne se joignait la certitude acquise enfin de l'immortalité de l'Esprit, de la sollicitude qu'il conserve pour ceux qu'un plus long exil retient encore sur la Terre, et de l'action immédiate qu'il y exerce à l'aide des médiums.

« Mathieu, que l'impie et l'ignorant seuls te croient mort. Nous, nous sommes assurés que tu vis, différemment, mais aussi réellement et sans doute plus heureusement que jadis parmi nous.

« Car, maintenant, nulle infirmité de l'humaine nature ne peut t'atteindre, nulle angoisse de la vie sociale te préoccuper, nulle incertitude sur la vie future t'inquiéter.

« Maintenant se ratifient les convictions que tu as professées, par l'état même où tu te trouves et qui fait reconnaître à tout défunt la réalité de cette doctrine si consolante, de ces pratiques si probantes de la communication des âmes et des humains, qu'un public frivole, que des publicistes superficiels prennent ingénument encore pour une folie, un rêve ou une illusion.

« Maintenant s'éclaircissent les doutes dont tu ne pouvais te défendre ; et, que les points litigieux soient résolus dans un sens ou dans l'autre, pleinement édifié, tu vois ce qu'il en est.

« Maintenant l'ineffable bonheur que procure une conscience satisfaite par l'accomplissement du devoir, s'épanouit dans ton Être tel qu'il est, et fait tressaillir des célestes joies ce corps éthéréen, compagnon perfectible mais inséparable de ton âme immortelle.

« Esprit de notre président, c'est dans l'union de ces sentiments que nous prierons les bons Esprits de t'ouvrir leurs rangs, les Esprits supérieurs de t'attirer à eux, et la divine Trinité de te bénir ;

« Esprits assidus qui daignez vous rendre à nos évocations et nous apporter consolations, conseils et exhortations ;

« Et, nommément,

« Marie, Esprit protecteur du médium de ce groupe, et que le président aimait tant à consulter.

« Boismartin, Esprit aimé, et vénéré, jadis mon père, aujourd'hui mon céleste protecteur, dont il gardait un si affectueux souvenir ;

« Soyez les aides et acolytes qui facilitent sa manifestation au jour où il voudra bien, si Dieu le permet, revenir en Esprit parmi nous.

« Naguère notre honorée médium désirait l'évocation d'un notable défunt (1). M. Mathieu me chargea de la formuler, m'honorant ainsi d'un

_____

(1) Le prince Alphonse de P.

témoignage de confiance que je n'ai considéré que comme un ordre auquel je devais obéir. En deçà de sa tombe, je veux encore m'y conformer et lui en faire l'application.

« Pierre-François Mathieu,

« En quelque endroit de l'Étendue que tu sois et où la pensée se répand semblable à la lumière d'un phare qui, par une nuit obscure, est aperçue de tous les points de l'horizon, tu peux m'entendre. Ecoute l'adieu et l'appel que, faible organe de nos coopérateurs, je t'adresse :

« Jouis pleinement, dans l'Espace, de la béatitude à laquelle t'a convié la grâce de Dieu ; retrempe, dans la première extase du retour à la vraie vie, ton Esprit encore fatigué par les vicissitudes de cette dernière épreuve.

« Puis, ayant recouvré vigueur et liberté, abaisse un regard bienveillant sur nous ; va consoler les femmes qui te pleurent, et viens à ton tour nous donner les enseignements que tu demandais et que nous venons chercher autour de cette table médianimique. »

III

Les médiums typtologues, mesdemoiselles Huet et Rodière, ayant apposé les mains sur la table, les Esprits, après évocation générale, disent être au nombre de vingt-trois. Leurs noms leur sont demandés ; mais voici ce que les coups frappés donnent avec l'alphabet :

« Marie, vous me permettrez de vous amener celui qui eut tant d'amitié pour moi. Il est ici et peut vous parler. »

L'Esprit, annoncé par ces paroles, est prié de se communiquer, et dicte les paroles suivantes :

« Mes bons amis, merci de toute la sympathie que vous me témoignez. Si j'ai été bon et honnête homme, je n'ai fait que mon devoir ; si j'ai eu les qualités de l'esprit, j'en remercie la bonté divine. J'ai eu le bonheur d'être protégé par ceux dont j'ai toujours honoré là la présence. Aussi, à mes derniers moments, je les ai vus et entendus, ces chers amis ; ils frappaient autour de mon lit de douleurs. Maintenant je suis libre et heureux. Si ce n'était le profond chagrin de ma famille éplorée et la douleur de ceux qui me regrettent, je n'aurais plus rien à demander à la terre. J'y reviendrai souvent pour parler au cœur de celle qui me pleure tant ; et pour vous, amis, je serai toujours parmi vous le mardi et le jeudi ; d'ici je serai votre président spirituel, si vous le voulez bien. Pardon de cette longue phrase. Moi qui ne les aimais pas, je serai plus bref à l'avenir. Merci encore de vos regrets, et surtout à vous, jeune ami, de votre bienveillant panégyrique.

« Je signe : P.-F. Mathieu. »

L'assemblée accueille ce discours avec une révérencieuse gratitude, et l'Esprit Marie reprend :

« Vous êtes tous sous le poids d'une profonde tristesse. Quelques petits anges vont soulager vos cœurs par leurs fraîches paroles. »

Trois Esprits de petites filles se communiquent successivement à leurs parents ; et après leur avoir exprimé en termes touchants leurs vœux les plus affectueux, ils dirigent la table vers eux, la lèvent et la font doucement reposer sur le sol.

Puis, les Esprits Balthazar et Rodrigue, qui, d'ordinaire, veulent bien se prêter aux expériences physiques de la fin des séances, ayant été conviés à s'associer au sentiment général, s'annoncent par un roulement de coups frappés sur la table, l'élèvent haut, l'y maintiennent quelque temps et la replacent avec le même soin ; et la soirée est terminée.

IV

L'Esprit P.-F. Mathieu, ayant assuré de lui-même qu'il assisterait assidûment aux réunions du mardi de mademoiselle Huet et du jeudi de mademoiselle Rodière, cette dernière invite l'auteur de l'allocution à la relire chez elle le surlendemain.

Cette nouvelle lecture étant achevée, l'Esprit, par la typtologie (1), adresse à l'assemblée les paroles suivantes :

« Mes bons amis,

« Les Esprits veulent absolument m'accorder la faveur d'être le premier à parler. Je les remercie ; car mon cœur a hâte de vous témoigner sa reconnaissance de tous les sentiments que vous lui manifestez. Je n'aurais jamais cru à tant d'affection sur la terre ; et j'avoue que j'ai regret de l'avoir ignoré. J'en eusse ressenti un grand bonheur. Maintenant je l'apprécie ; j'en suis fier ; et je serai heureux de venir m'asseoir au milieu de vous. Pour la plupart de ceux qui sont ici, je ne suis pas mort ; car les expériences que l'on vient voir démontrent clairement que le véritable Nous-même survit à la matière. Oui, chers amis ; Ma-

(1) *Langage des coups frappés* par les Esprits au moyen d'un médium spécial dont le rôle, étant tout passif, comme celui d'un médium écrivain mécanique ou d'un médium parlant, leur permet de transmettre librement toute leur pensée, dans les termes qu'ils veulent et même dans une langue connue d'eux seuls.

thieu est auprès de vous; et il conserve toujours sa place de directeur de ces belles expérimentations qui font tant de bien à l'âme et ramènent tant de cœurs aux douces vertus de la charité chrétienne. Je vous prie de m'appeler souvent; car je serai heureux d'éclairer vos pas dans la recherche des grandes vérités. Demandez avec moi à Dieu que ma pauvre famille reçoive quelques consolations divines: et vous, jeune ami, recevez encore l'expression de ma vive amitié. Je remercie tous les Spirites; car ils m'appellent de toutes parts. Je les entends et prie Dieu de les bénir avec amour.

« P.-F. MATHIEU. »

L'assistance, profondément touchée des sentiments et des bienveillantes intentions de l'Esprit à son égard, l'en remercie et se promet avec bonheur de recueillir tous les avis qu'il voudra bien lui donner.

V

Fidèle à sa promesse, l'Esprit de M. Pierre-François Mathieu dicte régulièrement, depuis ce temps, son nom aux séances en compagnie de ceux de Marie et de Boismartin. Plusieurs fois déjà, il a donné à son tour d'utiles instructions, dans ce langage typtologique auquel aime à recourir un certain nombre (1) des adeptes du Spiritualisme expérimental et du Spiritisme, pour la certitude qu'il leur offre de la présence d'un Esprit, et pour la garantie de l'identité de celui qui se manifeste, ainsi que de l'authenticité du langage qu'il tient, à l'abri de toute influence humaine qui pourrait volontairement ou non le dénaturer.

(1) L'auteur qui, pour son compte, fait fréquemment usage de la médianimité écrite, se borne ici à mentionner un fait dont il est témoin.

Chaque fois l'auditoire, avide des faveurs d'outre-tombe, prête la plus religieuse attention aux augustes paroles que lui fait entendre son ex-président, et qui ajoutent un précieux témoignage à tous ceux qui concourent journellement à établir les preuves de la loi naturelle des communications qui relient ensemble les mondes spirituel et humain.

FIN.

Paris. — Typ. Cosson et Comp., rue du Four-Saint-Germain, 43